聖なる島のリトリート

# ハワイアン・スピリチュアルタロット

## キルトが導くあなたの運命

ジューン澁澤

# ＊プロローグ＊

幸運の、そして偶然の出会いの数々から、ハワイアン・スピリチュアルタロットは生まれました。

タロットと私の出会いは13歳の春。

まだ体に馴染みきらない制服を着て通った中学校で、タロットカードを操り、不思議な宣託を下しているクラスメイトを見つけたときでした。

いっぽう、ハワイという土地との出会いは16歳の夏のこと。

目に焼きついた鮮やかなマリンブルーの海。早朝のカピオラニ公園を吹き抜けるすがすがしい風。パイナップル畑のまんなかで車を止めたハワイ人ガイドが「いっぱいあるからひとつぐらいＯＫさ！」と、引きぬいて食べさせてくれたフレッシュな果実の味。

そこかしこに咲く花々の魂がくれた言葉にならないパワー。そして、昼下がりのビーチに寄せる穏やかな波の音……。

人との出会いも場所との出会いも、意図せぬ偶然の神秘です。人生には不運も幸運もめぐってきますが、このハワイアン・スピリチュアルタロットが生まれた背景には幸運だけが詰まっています。

この本を手に取ってくださったあなたと私にも今、偶然の神秘の力が働いているはずです。この出会いに感謝します。マハロ！

20枚のカードを使ったリトリート・ワークが、あなたを幸せな場所、幸運の出会いへと導いてくれますように……。

T S

# CONTEN

# カードからのメッセージ～早引きINDEX

## 【花のカード】

ナナホヌア
Nanahonua
p24

ティアレ
Tiare
p22

ロケラニ
Lokelani
p20

アンセリウム
Anthurium
p18

ハイビスカス
Hibiscus
p16

## 【植物のカード】

マンゴー
Mango
p34

ウル
Ulu
p32

モンステラ
Monstera
p30

パイナップル
Pineapple
p28

ニウ
Niu
p26

## 【海のカード】

波
Nami
p44

ナイア
Naia
p42

ホヌ
Honu
p40

ププ
Pupu
p38

サンゴ
Sango
p36

## 【人のカード】

レイ
Lei
p54

イプ
Ipu
p52

ウクレレ
Ukulele
p50

カヌー
Canoe
p48

クラウン
Crown
p46

# ハワイアン・スピリチュアルタロットの世界

## ハワイのスピリチュアルパワーが宿る20枚のカード

世界有数のパワースポットとして知られるハワイ諸島は、太陽、海、美しい花々に抱かれた神秘の島。

ハワイアン・スピリチュアルタロットは、そんな楽園の大自然から生まれたハワイアンキルトを絵柄に取り入れたオリジナルのタロットカードです。

ハワイアンキルトとは、ハワイのスピリット（魂）が宿る植物や花、生き物などをモチーフとした伝統的な刺繍のこと。その昔、ハワイの女性たちはひと針ひと針、想いを込めてキルトを縫い上げました。その縫い目には心がそのまま表れると言われています。ハワイアン・スピリチュアルタロットには、縫う人の心を映すキルトの神秘的なパワーが強く込められています。美しく魅力的なこのカードを手にしたとき、カードがあなたの魂の声を聞き、真実の願いが導き出されるのです。

## 3つのリトリート・メソッド

ハワイアン・スピリチュアルタロットには3つのリトリート・メソッドがあります。リトリートとは、日常から離れ自分を見つめ直すこと。心が疲れてしまったとき、願いが思うように叶わないとき、次の3つのリトリート・メソッドを行ってみて下さい。

●タロット占い

カードを使った占いです。恋、仕事、人間関係など、答えが出せずに迷っていることがあったらカードにそっと聞いてみて！　カードがあなたを幸せな未来へと導きます。

●カラーワーク

カードのモチーフをハワイアンカラーで染めていくメソッドです。絵柄を塗るだけで不安な心が癒され、カードの持つパワーがあなたに宿ります。

●ホーリーアイテムとして

20枚のカードは、聖なるパワーを持つアイテム。あなたが求めるパワーを持つカードを選んで、お守りとして使うことができます。

3つのリトリート・メソッドは一度にすべて行わなくてもかまいません。その日の気分や悩みに合わせて好きなメソッドを選んでください。やりたいと思ったメソッドが、そのとき、あなたが求めているリトリートなのです。

## ハワイアン・スピリチュアルタロットが当たる理由

カードのメッセージを読んだとき〝なぜ、私の心がわかるの？〟と驚くかもしれません。古来、ハワイアンキルトは、同じモチーフを刺繍しても2つとして同じものができないと言われています。あなたが手にしたカードもそう。あなたがカードに心を開いたとき、カードはあなたの心をそのまま映す唯一の鏡となります。あなたの心をありのままに映すカードだからこそ、あなたが幸せになるために本当に必要なことは何かがわかるのです。あまりにも真実をつくその答えは「神秘の予言」と呼ばれています。

## ハワイの癒しで日常生活がハッピーに！

「タロットカード」というと、〝意味がわからない〟〝難しい〟というイメージがあるかもしれません。しかし、ハワイアン・スピリチュアルタロットは、誰にでもできるシンプルで楽しいリトリート・メソッドです。

一般のタロットカードのように「正位置」「逆位置」といった読み方はなく、カードがさかさまになっても意味がかわりません。だから、初めて占いに挑戦する人でも、簡単にカードからのメッセージを受け取ることができます。

また、占いだけではなく、気分に合わせてカラーワークをしたり、ホーリーアイテムとして活用するだけでも、カードが持つ神秘のパワーがいろいろな場面であなたを助けてくれます。

気分が落ち込んだとき、心が癒しを求めているとき、ハワイアン・スピリチュアルタロットを体験してみてください。神秘のカードが、あなたを今よりずっとハッピーな未来に導いてくれることでしょう。

リトリート・メソッド

Chapter 1

# タロット占い

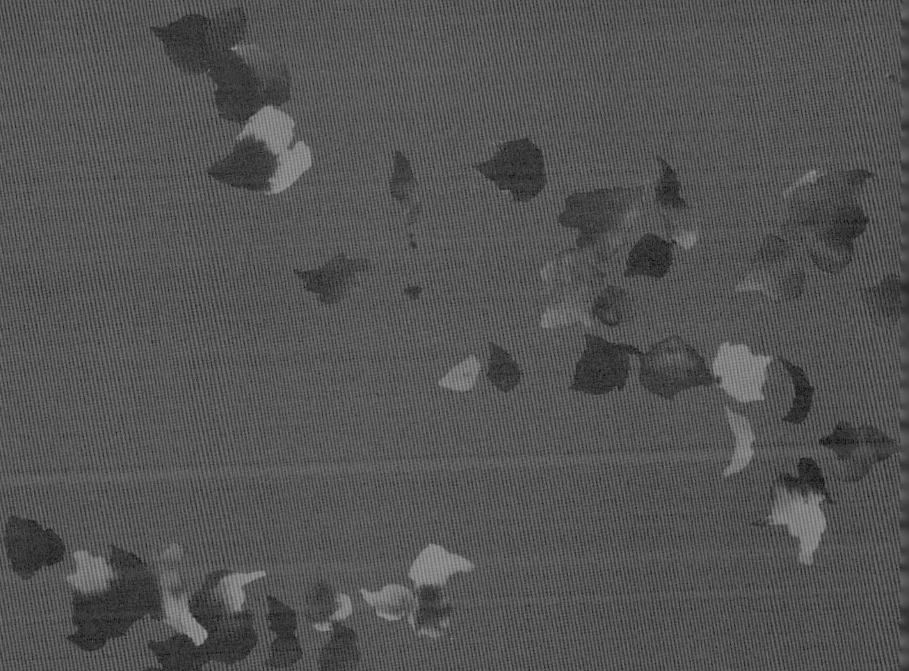

# 「さあ、占いを始めましょう」

ハワイアン・スピリチュアルタロットにはさまざまな占い方がありますが、ここではタロット占いが初めての方でも、簡単にカードからのメッセージを受け取ることができる2つのスプレッドを紹介します。

ひとつは、あなたがカードに自由に質問できる「スリーパッチワークスプレッド」。もうひとつは、「今日のあなた」と「あの人の気持ち」が占える「ワンキルトスプレッド」です。

占いの結果は「カードの意味とメッセージ」のページで確認してください。

どんな答えが出たとしても、それはカードがあなたに与えてくれたリトリート。不安や焦りをとりのぞき、あなたの心に癒しを与えてくれるでしょう。

# 【シャッフルの仕方】

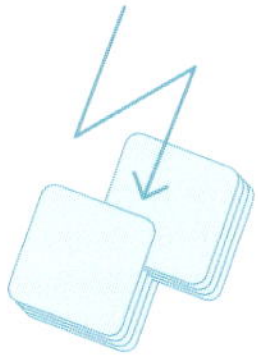

## 1 カードを切る

心の中に占いたいことを思い浮かべ、裏返しにしたカードを、トランプのように切りましょう。納得するまで何回切ってもかまいません。

▼

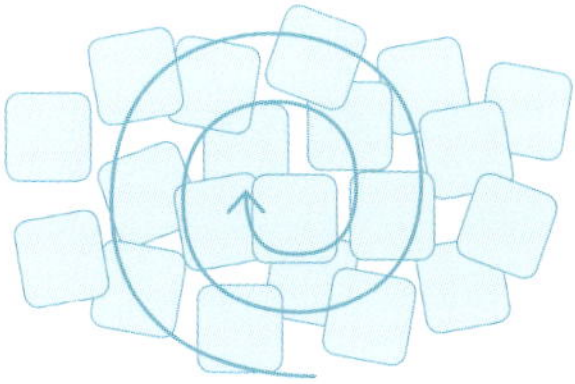

## 2 ほっとするまで混ぜる

カードを裏返しにしたまま、テーブルの上に置き、時計回りに混ぜましょう。心が「ほっ」とするまで何度でも混ぜてかまいません。

▼

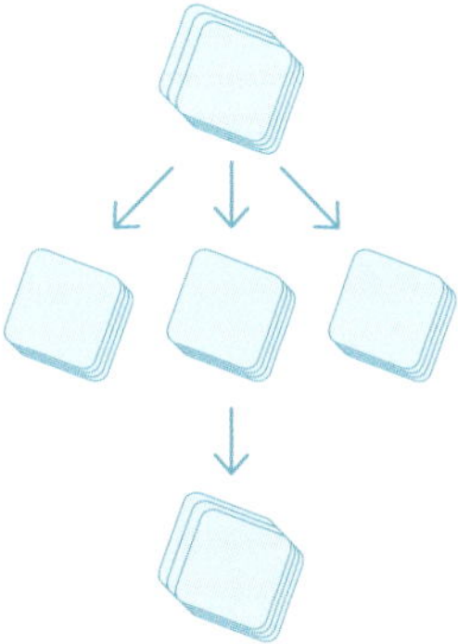

## 3 3つの山に分ける

混ぜ終わったカードは裏返しの状態でひとつの山にまとめます。カードの山をテーブルに置き、左手で自由に3つの山に分けます。

▼

## 4 1つの山に戻す

3つに分けたカードの山を、左手で好きな順番に重ね、またひとつの山にします。

### ＊ハワイアン・スピリチュアルタロットの占い方のポイント＊

- カードには「正位置」「逆位置」がありません。カードがどんな向きになっても意味はかわりません。
- 「スリーパッチワークスプレッド」で同じ質問をするときは2～3日あけましょう。
- 「ワンキルトスプレッド」は、それぞれの質問について1日各1回が目安です。

3枚のカードがあなたを幸せへと導く!

# 「スリーパッチワークスプレッド」

あなたが知りたいことについて「過去」「現在」「未来」の３枚のカードで占います。質問の内容に制限はありません。恋愛、結婚、友情、仕事、人間関係などあらゆることが占えます。“この恋はうまくいく？”“新しい出会いはある？”“仕事を辞めて転職するべき？” など、具体的な質問をカードに投げかけてください。

## 【占いの手順】

### 1

質問を決めて、13ページの要領でシャッフルしたカードをテーブルなどの上に裏返しのまま左手で左から右へと広げます。

### 2

広げたカードの中から、①過去、②現在、③未来の順に直感でカードを選んで図のように並べてください。①、②、③の順にカードをめくり「カードの意味とメッセージ」のページでカードからのメッセージを受け取ってください。

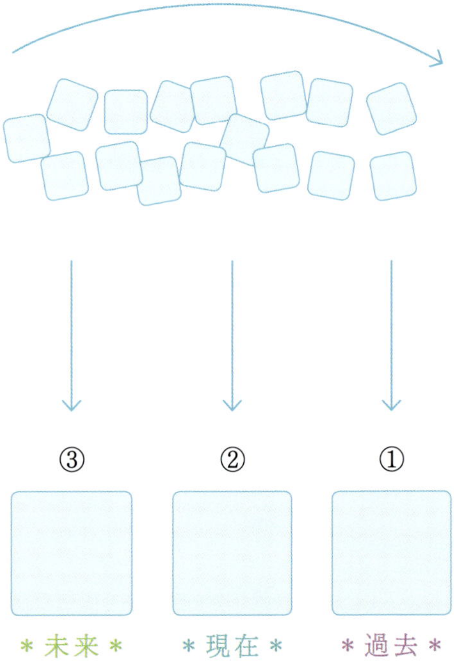

「今日のあなた」と「あの人の気持ち」がわかる！

# 「ワンキルトスプレッド」

１枚のカードを選んで「今日のあなた」の運勢と「あの人の気持ち」を占います。２つの質問のうち、占いたいほうを心に思い浮かべてカードを１枚引くだけで、簡単に占いの結果がわかります。今日一日をハッピーに過ごすために、カードが導くメッセージに耳を傾けてください。

## 【占いの手順】

### 1

「今日のあなた」または「あの人の気持ち」、知りたいほうの質問を心に思い浮かべながら13ページの要領でシャッフルしたカードをテーブルなどの上に裏返しのまま左手で左から右へと広げます。

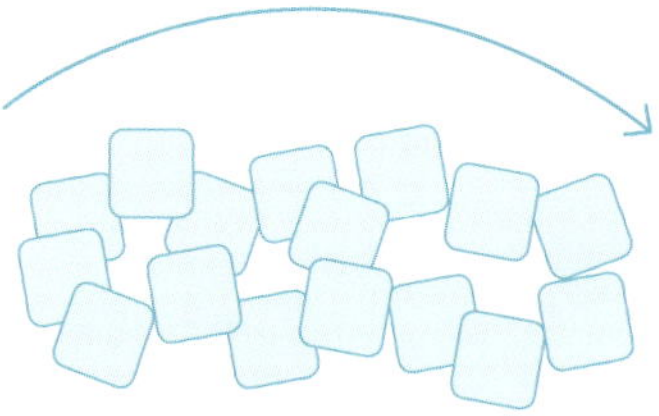

▼

### 2

広げたカードの中から、直感で好きなカードを１枚選んでください。カードをめくり「カードの意味とメッセージ」のページでカードからのメッセージを受け取ってください。

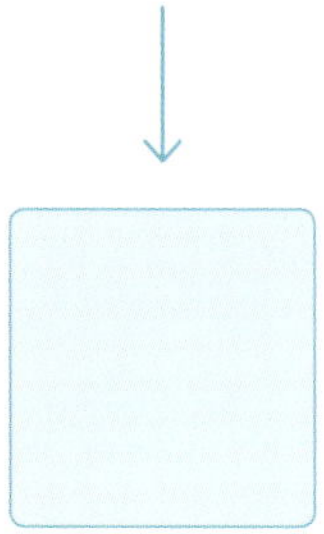

タロット占いでどんなカードが出ましたか？
カードの意味とメッセージは次ページから

# ハイビスカス

Hibiscus

一日花のハイビスカスは

その日の主役としての輝きを放って咲く花。

華やかで情熱的な存在のシンボルです。

# カードからのメッセージ

## 【スリーパッチワークスプレッド】

### ＊未来＊

いよいよ、あなたの能力を開花させるときがくるようです。恋や仕事もクライマックスを迎えるでしょう。

**Key Word**

愛の成就
大きな買い物
活力の高まり
告白のとき
脚光
花開く
ドラマティック

### ＊現在＊

今しかできないことに集中してください。今ここにないものを求めて、時間を費やすべきではありません。

**Key Word**

情熱を一点に注ぐ
自己アピール
大舞台に立つ
全力
晴れ着
売り込み
今を生きる

### ＊過去＊

悔いる必要はありません。できる限りのことはやったはずです。心からの情熱、愛があったのも確かです。

**Key Word**

エネルギッシュ
ひとめ惚れ
華
はつらつさ
本物の輝き
100%の力
うそ偽りなし

## 【ワンキルトスプレッド】

### ＊今日のあなた＊

あなたの魂は今、内なる輝きを外へ押し出すことを求めています。色鮮やかに咲き誇るハイビスカスのように、自分の魅力を表に出しましょう。あでやかに装うのを控えるのは、魂の求めに逆らうこと。今日は華やかなファッションで外出を。そして、積極的な発言で、周囲の目をあなたに引きつけて。

### ＊あの人の気持ち＊

今すぐ願いを叶えたい、想いを伝えたい、成功したい……そうした焦燥感に駆られている今のあの人は、やみくもな行動に出がちです。とっぴな言動であなたを驚かせることがあるかも。「これを逃したらもう次のチャンスはない」という危機感があの人の暴走の原因。焦りを鎮めてあげて。

# アンセリウム

Anthurium

私は誰とも違っている。私は私。

際立つフォルムを持つアンセリウムの放つ

メッセージは「突出した個性」です。

# カードからのメッセージ

## 【スリーパッチワークスプレッド】

### ＊未来＊

あなたにしかない個性が活きるときが訪れます。愛の形、人との関係はユニークなものとなっていくでしょう。

KeyWord

オリジナリティ
ユニークな展開
突出する
存在感
鮮やか
人と違う選択
個別

### ＊現在＊

その方法で何度やっても結果は同じ。ありきたりのやり方では解決しません。もっと個性的で大胆な決断を。

KeyWord

斬新
人と違うこと
かけがえのない存在
異見
主張
キッパリ決める
ワガママ

### ＊過去＊

孤立していたかもしれませんが、周囲はひそかに注目していたはず。いやがらせがあったなら、それは妬みからです。

KeyWord

目立つ
個性的
突き抜ける
羨望を受ける
めったにしない買い物
独立
美貌

## 【ワンキルトスプレッド】

### ＊今日のあなた＊

人をマネることはあなたの魂を傷つけます。アンセリウムは自分が他の花とまるで違うのを恥じたりしないから、美しいのです。この花のように今日は一日、自分らしさを貫きましょう。溶けこめないと感じる人々の輪にも、堂々と入っていけば、そこにあなたの居場所を確立できるでしょう。

### ＊あの人の気持ち＊

今、あの人は他人と違う独自の道を探したがっています。ありきたりの恋や仕事を押しつけられることにイラだっているのでしょう。そんなあの人の心を引きつけるのに欠かせないのは個性。なにか「きわだつもの」を見せる必要が。無難な言葉やアピールでは、あの人の心を変えることはできなそう。

# ロケラニ

Lokelani

外来種のこのバラにつけられたハワイ名は

「天国のバラ」を意味するロケラニ。

みんなから愛される存在を意味します。

# カードからのメッセージ

## 【スリーパッチワークスプレッド】

### ＊未来＊

愛されて、認められている姿が見えます。応援してくれる人、守ってくれる人にも恵まれるようになるでしょう。

KeyWord

たくさんの視線
永遠の愛
認定
ぜいたくな時間
パーティー
気品
幸運な人

### ＊現在＊

応援してくれる人がいる限り、大丈夫です。自分の魅力や能力を信じている限り、道に迷う心配はありません。

KeyWord

高い評価
好意
ポイントの獲得
順応
心地よい場所
高価な品
チャーミング

### ＊過去＊

支援や愛に包まれていたので、苦労をせずにすんだよう。愛することより愛されることに夢中だった可能性も。

KeyWord

愛くるしい存在
かわいがられる
受け身な愛
ほめ言葉
苦労知らず
若さ
快適な環境

## 【ワンキルトスプレッド】

### ＊今日のあなた＊

もしもあなたが自分の素を人に見せるのをためらわないなら、ロケラニの花のような愛らしさが、今日のあなたを輝かせます。今、あなたを密かに恋している異性の存在にも気づくことができるでしょう。その人はきっと本気。あなたさえ、相手を受け入れられれば、きっと幸せな恋が始まります。

### ＊あの人の気持ち＊

あの人の望みは、あなたが今のまま変わらずにいてくれること。あなたの魅力のトリコになってしまったようです。四六時中、あなたのそばにいたいと願うようになってきています。愛されすぎて困ってしまうかもしれません。もし、あなたが他の人からも愛されていると知ったら、嫉妬に狂うでしょう。

# ティアレ

Tiare

純白のティアレは聖なる花。

色とりどりの世界のなかに置かれた

混じりけのないピュアな領域を示します。

# カードからのメッセージ

## 【スリーパッチワークスプレッド】

### ＊未来＊

疲れて乱れた心が洗われる出来事が起こります。ピュアな気持ちが戻り、愛と希望を貫くことができるでしょう。

**Key Word**

潔白
浄化
まっすぐな愛
初体験
すがすがしい気持ち
回復
本質にたどり着く

### ＊現在＊

初心に戻るべきときです。どういう動機でスタートさせたのか、それを思い出せば力が湧いてくるでしょう。

**Key Word**

スタート地点
純情さ
見返りを求めない愛
希望を取り戻す
小さな子供
幼少期
汚れを落とす

### ＊過去＊

すべては下心のない純真な気持ちから始まったこと。ただ無邪気さゆえに未来を楽観していた可能性があります。

**Key Word**

純粋な動機
混じりけのない想い
幼さ
手垢のついていない場所
可憐
初物
清い気持ち

## 【ワンキルトスプレッド】

### ＊今日のあなた＊

今日はあなたの内に眠る魂が、ひときわピュアな美しさを放つ日です。ふと目にしたものが胸を震わせます。純真な涙があなたの目からこぼれ落ちるかもしれません。清らかな心で世界を見つめられる日ですから、美しいものを観賞しに出かけましょう。その感動があなたの美しさを高めてくれます。

### ＊あの人の気持ち＊

あの人が求めているのは純真さ。余計な飾りのない本心を求めています。欠点すらもズバリと言ってくれる相手を探しているよう。口先ばかりで本音が見えない人々とのやり取りに疲れてしまったのでしょう。まっすぐな気持ちを向ければ、あの人のハートはあなたのほうに動くはずです。

# ナナホヌア

Nanahonua

うつむいて咲くナナホヌアの花からは

官能の香りがむせび立ちます。

魅惑・セクシャル・吸引力のシンボルです。

# カードからのメッセージ

## 【スリーパッチワークスプレッド】

### ＊未来＊

口を閉ざし、距離を置くべきときが訪れます。あなたはじっとしていてください。相手のほうが動いてくれます。

**KeyWord**

誘引
待機
悩ましい魅力
秘された部分
隠されたもの
宵のころ
絡みとる

### ＊現在＊

沈黙こそがあなたの味方。今は無口でいてください。愛も夢も秘めやかに。こっそりと進めていきましょう。

**KeyWord**

密会
孤独な人
本音を隠す
色香
未決
静けさ
内に秘めた愛

### ＊過去＊

強い吸引力に逆らうすべはありませんでした。その誘惑に乗らないわけにはいかない状況があったようです。

**KeyWord**

官能
あらがえない魅惑
影
秘密の香り
浮気
しなやか
はかない時間

## 【ワンキルトスプレッド】

### ＊今日のあなた＊

あなたの魂は今日のあなたにセクシャルな魅力を授けてくれます。ナナホヌアの花のような官能の魅惑があなたから発せられる一日となるでしょう。通りすがりの人さえ、思わずあなたの姿を振り返って見てしまいたくなるほどです。誘惑を仕掛けたい相手に接近するなら、今日を逃す手はありません。

### ＊あの人の気持ち＊

けだるい顔をしてみせたり、謎めいた言葉を発したり、思わせぶりな目くばせをしたり……それらはあの人があなたに仕掛けようとしているワナかも。なにかしらのシタゴコロを隠し持っているようす。あなたを自分から離れられなくすることで安心したいのかも。結局、今のあの人は孤独なのです。

# ニウ

Niu

ポトンと海に落ちたニウ（ヤシの実）。

長い航海のはて、根を張る場所に漂着します。

驚異的な生命力のシンボルです。

# カードからのメッセージ

## 【スリーパッチワークスプレッド】

### ＊未来＊

ためらいは消えていくでしょう。前進を決意することになります。あてにならない相手を待つ日々も終わります。

Key Word

決心
動じない愛
自立
伸びあがる
進展
運命を受け入れるとき
迷いのなさ

### ＊現在＊

今なら大丈夫。どんな困難もきっと乗り越えられます。土壇場になるほど、内なる強さが表れてくるでしょう。

Key Word

パワフル
豊満な肉体
あふれだす愛の力
驚異的
追撃
破られる記録
強み

### ＊過去＊

豊かなパワーが前進を助けてくれていました。どこまででも進んでいけそうな気がしていたに違いありません。

Key Word

生命力
たくさんの貯蓄
長い旅
意欲
永遠の予感がする恋
恵まれた者
潤沢

## 【ワンキルトスプレッド】

### ＊今日のあなた＊

今、あなたの魂は活力に満ちています。じっとしているのは、もったいない日。進んで外の世界に飛び出しましょう。目的もなく歩きまわるうちに、あなたの未来を開くヒントが目に飛び込んでくるかもしれません。ひとつの仕事にグッと集中するにもいい日。到達目標点に間違いなくたどり着けます。

### ＊あの人の気持ち＊

あなたの持つ魔法のような力をあの人は今、感じています。あなたからの励ましの言葉、あなたの笑顔、さりげないボディタッチ……そうしたものが不思議なくらい自分にパワーをくれることに気づいたよう。あなたがポジティブな態度で接するほどに、あの人はあなたのトリコになっていくでしょう。

# パイナップル

Pineapple

一面に広がるパイナップル畑は
ハワイらしい風景のひとつ。
当たり前の日常を意味するシンボルです。

# カードからのメッセージ

## 【スリーパッチワークスプレッド】

### ＊未来＊

危機は去り、平和が戻ってきます。懐かしい場所に帰るチャンスが訪れることも。優しい時間が待っています。

Key Word

平和
平静
リラクゼーション
刺激のないもの
穏やかな愛
健やか
欲張らない

### ＊現在＊

平穏さを求める気持ちが強まってきています。乱れたリズムを整えれば、心に落ち着きが戻るかもしれません。

Key Word

同じテンポ
いつも通り
明日も変わらないこと
スロー
穏やかさ
変動しない愛
環境を整える

### ＊過去＊

違うことをやってみたくなったのは退屈だったせい。不満があったわけではなく幸せに慣れすぎていたようです。

Key Word

手慣れたこと
気づいていない幸運
慣れ合い
手に余るもの
熟した関係
満ちる
時間のゆとり

## 【ワンキルトスプレッド】

### ＊今日のあなた＊

あなたを本当に思ってくれている人は誰なのか……今日、あなたの魂はその人の顔をあなたの脳裏に浮かびあがらせてくれます。なぜだか急に思い出した相手に連絡を。その人との交流が、悪い流れを変えてくれるでしょう。懐かしいアルバムや手紙に手を伸ばしてみるのもいいかもしれません。

### ＊あの人の気持ち＊

大事にしようと思っているのにできなかった……そんな自分に落ち込むことがあったようです。不機嫌なときに顔を合わせたあなたに冷たい態度を取ってしまったことを後悔しているのかも。もし、このままあなたが遠ざかっていったら、あの人は悲しみにくれることになるでしょう。

# モンステラ

Monstera

ワイルドでユニークな形のモンステラ。

好きなように、のびのびと。

解放された魂を象徴する植物です。

# カードからのメッセージ

## 【スリーパッチワークスプレッド】

### ＊未来＊

人の顔色をうかがう必要がなくなるかもしれません。自分の意志や希望を貫くことができるようになりそうです。

**Key Word**

自由自在
気の向くまま
身軽
風通しのいいところ
解放的な恋
脱出
自主性

### ＊現在＊

のびのびと振る舞えないなら、そこを離れましょう。もっと自由な場所にいけば、すべてがうまく行くはずです。

**Key Word**

個性豊か
ユーモラス
気まぐれが許される場所
束縛のない愛
笑い
リラックス
人と違う生き方

### ＊過去＊

好きにしても許される環境が欲しかったのかもしれません。窮屈な場ではうまく息が出来なかったのでしょう。

**Key Word**

伸び盛りな人
開放を求める気持ち
制約を逃れる
不規則
おおらか
自由な魂
縛られない愛

## 【ワンキルトスプレッド】

### ＊今日のあなた＊

今日のあなたは人からとても好かれる存在となるでしょう。あなたのユニークさが強調される日となるからです。一日ひとりで過ごすなら、「きゅうくつなもの」を遠ざけて。ノーメイクで下着もつけず、解放感を味わいましょう。のびのびとした気分を味わうほど、魂が活気づき、元気が出ます。

### ＊あの人の気持ち＊

手順なんて関係ないし、未来のことを決める必要もない。今のあの人はそういう自由な恋をしたがっています。予測のできない行動を取ってくるでしょう。あの人の心をとらえるには、突然の呼び出しにも応える必要が。でも、次の約束をとりつけるのは無理かも。束縛するのは難しいときです。

# ウル

Ulu

たっぷりの栄養をふくむウルの実は

ゆっくりと成長します。

日々、蓄積されてゆくもののシンボルです。

# カードからのメッセージ

## 【スリーパッチワークスプレッド】

### ＊未来＊

コツコツと積み上げてきたものが役に立つときが来るでしょう。渇いた心を潤してくれる存在も登場します。

KeyWord

補給のとき
蓄積が役立つ
成長
満ちたりた思い
安定した関係
注がれる愛
おっとりした人

### ＊現在＊

体力、知識、資金をたっぷりと貯め込むことが先決です。先を急がず、ゆっくりパワーをチャージしましょう。

KeyWord

貯蓄する
ていねいに愛を重ねる
メンテナンス
待機
育てる
準備期間
備え

### ＊過去＊

豊富な蓄えがあったから、安心していられたのでしょう。ふところの大きな人に守られていた可能性も。

KeyWord

貯蔵されてきたもの
長く続いた関係
養分
受け継がれた財や知識
もらいもの
不安のない環境
実績

## 【ワンキルトスプレッド】

### ＊今日のあなた＊

あなたの魂が今日のあなたに求めているのは地道な努力です。先を急いだり、なかなか上手くできない自分を責めたりしないでください。自らの成長を信じ、自分で自分を励まし続けましょう。また、「少しずつ育ってゆく愛もある」ということも忘れずに。今日もあの人に笑顔を向けてください。

### ＊あの人の気持ち＊

ゆっくりじっくり時間をかけて、物事を進めていくことが今のあの人の願いのようです。早食い競争のような味気ない恋や仕事はしたくないのでしょう。あなたとの関係をなかなか前進させてくれないのも、そういう思いゆえのこと。そんなあの人のペースに合わせることが大切なときです。

# マンゴー

## Mango

ハワイの季節は冬と夏だけ。

その変わり目の短いときに実をつける

マンゴーは「特別な時期」を意味します。

# カードからのメッセージ

## 【スリーパッチワークスプレッド】

### ＊未来＊

チャンスは偶然にやってきます。意外な人や物に突然、恋するかも。驚くべき出来事が起こる場合もあります。

KeyWord

めぐってくる好機
神聖
幸運な瞬間
はじけ飛ぶ
普通ではないこと
奇跡の出会い
突発的

### ＊現在＊

何かが起こりそうな予感がしているなら、それは現実になります。突然の出会いに人生が変わっていく可能性も。

KeyWord

日常を超えた不思議な力
変化の兆し
祭り
大騒ぎ
めずらしい相手
電撃的な恋
転機

### ＊過去＊

その身に起こったことは「日常」を超えたハプニングでした。同じことが繰り返し起こる確率は低そうです。

KeyWord

一度きりのこと
祝祭
めったにない出来事
はじける
特別さ
ごほうび
偶然

## 【ワンキルトスプレッド】

### ＊今日のあなた＊

このカードはあなたの成功を暗示しています。人からほめられたら、明るくお礼を言ってください。祝福を素直に受け取る姿勢が、さらなる成功を約束します。意外なことが起こりやすい日でもありますが、それはあなたの魂が、このところ少し退屈していたから。ハプニングも楽しみましょう。

### ＊あの人の気持ち＊

単調だった日々を打ち破るハプニングがあの人の身に降りかかったようです。そのハプニングとは、あなたとの出会いやケンカのことかも。良くも悪くも今、あの人の魂は動揺しています。胸の鼓動が落ち着くには時間がかかりそう。動揺のせいで、いつもは見せない顔を見せてくれるかもしれません。

# サンゴ

Sango

サンゴは過去のシンボル。

砂浜に残る形骸は、かつての豊かな命の名残。

心に残る思い、記憶の集積です。

# カードからのメッセージ

## 【スリーパッチワークスプレッド】

### ＊未来＊

美しい思い出が蘇りますが、それは過去の遺物です。立ち止まれるのは一瞬のこと。再び歩き始めましょう。

KeyWord

回想
懐かしい人
メランコリー
郷愁
後戻り
気持ちの区切り
一時的なストップ

### ＊現在＊

ヒントは過去に眠っています。思い出の品々を取りだし眺めてみましょう。交信が途絶えていた相手にも連絡を。

KeyWord

回顧
過去からの遺産
手元に残っているもの
古くからの縁
内向的
獲得済み
美しい思い出

### ＊過去＊

終わりが訪れる気配はどこかにあったかもしれません。時を巻き戻すことはできないと気づいていたはず。

KeyWord

失われていくもの
終着
過ぎ去りし日
鎮まる想い
収束の時期
終わったこと
あきらめ

## 【ワンキルトスプレッド】

### ＊今日のあなた＊

同じ過ちを繰り返すことを、あなたの魂は避けたがっています。過ぎた話を蒸し返すのは止めましょう。また、こういうことが前にもあったかも……と感じる出来事が起きたら過去を思い出して。そのとき助けられた人や言葉を、もう一度頼ってください。懐かしい本に手を伸ばしてみるのもよい日。

### ＊あの人の気持ち＊

あの人の心は今、「過去」へと向かっています。やり残したことが気になっているのでしょう。あなたとのこれまでの思い出を振り返っている場合も。考え深げな表情をしているときは、そっとしておいてあげて。あなたを無視しているわけではなく、回想が必要な時期にいるだけですから安心を。

# ププ

Pupu

ププ（貝）とは固い殻を作り、
その身を自らしっかり守っている生き物。
このモチーフは自己防衛力のシンボルです。

# カードからのメッセージ

## 【スリーパッチワークスプレッド】

### ＊未来＊

安心できる場所が見つかり不安が鎮まるでしょう。生涯、壊れることのない固い絆が結ばれる可能性もあります。

Key Word

頑丈さ
固定
安全な住まい
隠れ家
守備力の高まり
静けさ
守られる約束

### ＊現在＊

大事なものを保護することに力を入れて。これを怠ると、気持ちが落ちつかず、目の前のことに集中できません。

Key Word

プロテクトする
阻止
自衛
秘密の恋
ひそかな想い
癒しの時間
手厚い看護

### ＊過去＊

危険を察知したから逃げ腰になったのでしょう。その身を守ることが何よりも大事な時期だったようです。

Key Word

固いガード
脅威の存在
守りの姿勢
本音を慎む
未知の人
受け入れの拒否
ひとみしり

## 【ワンキルトスプレッド】

### ＊今日のあなた＊

今日のあなたは、あけすけになりすぎる危険があります。あなたの魂は、「もっと警戒するように」と、あなたに告げています。秘密やプライバシーをしっかりと守りましょう。言ってしまうべきかどうか、迷うことがあったら、今日のところは口を閉ざしておきましょう。公開するのはもう少し先に。

### ＊あの人の気持ち＊

あの人にとって、あなたの言動には謎な部分が多いようです。その神秘に触れたい気持ちがだんだん高まってきています。ある日、突然、あの人の態度に変化が起こるかもしれません。これまでにはなかった強引さで、あなたの秘密のベールをはごうとしてくる可能性が。心の準備をしてください。

# ホヌ

Honu

ホヌ（海ガメ）はハワイの海の守り神。
安全な領域のシンボルであり、
豊かな自然に育まれる魂を象徴します。

# カードからのメッセージ

## 【スリーパッチワークスプレッド】

### ＊未来＊

安全なところまで、無事にたどり着けるでしょう。緊迫感から解き放たれて、ホッとひと息つけるようです。

Key Word

精神の弛緩
安心できるテリトリー
安全の目印
強く優しい人
ユートピアの出現
まったりする
ピンチを脱する

### ＊現在＊

心配しなくても大丈夫です。リスキーな挑戦かもしれませんが、今のあなたは宇宙の調和に守られています。

Key Word

正しい居場所
約束された安全
強い味方
ゆとりのある空間
人気者
愛される人
天が味方する

### ＊過去＊

ゆったりと穏やかな気持ちでいられたのは安心できる環境があったから。敵はまだ存在していませんでした。

Key Word

守り神
器の大きい相手
平穏なとき
ゆったりと流れる時間
楽天的
過保護
黄金時代

## 【ワンキルトスプレッド】

### ＊今日のあなた＊

困っていることがあるのなら、静かな場所で目を閉じて、瞑想を。というのも今日は、あなたの魂こそがピンチを救うアイディアを授けてくれる日だからです。また、今日は少しばかりリスキーなことにチャレンジしても大丈夫。目に見えない存在があなたを危険から守ってくれるでしょう。

### ＊あの人の気持ち＊

あなたの姿を見るたび、安らぎを感じています。このところのあの人は緊張感の強い場所へ出向くことが続いているのでしょう。そんな日々のなか、あなたは貴重な存在。でも、だからこそ、あの人はあなたとの関係を深めることに慎重です。恋の炎がこの安らぎを台無しにしないか、不安なようです。

# ナイア

Naia

ナイアとはイルカ。

遊ぶことの喜びを知っている海の生き物。

自由な精神、時間のシンボルです。

# カードからのメッセージ

## 【スリーパッチワークスプレッド】

### ＊未来＊

楽しい時間が好きなだけ持てる日が訪れます。あなたを縛ってきたものから遠ざかることもできるでしょう。

KeyWord

自由
重荷からの解放
軽くなる心
ハジける精神
フリー
にぎやかなパーティー
バカンス

### ＊現在＊

行き詰ったら、気晴らしに出かけましょう。カチコチになっている頭や体をほぐせば、希望が見えてきます。

KeyWord

遊ぶ
自発的
活発な動き
自由な愛
気ままな時間
散策
機転の利く人

### ＊過去＊

失敗を恐れずに、気楽な気持ちで取り組めたのが成功の要因だったよう。心強い仲間たちにも囲まれていたはず。

KeyWord

無垢な心
ビギナーズラック
いたずらっ子
自由な発想
気軽さ
仲間たち
軽やかさ

## 【ワンキルトスプレッド】

### ＊今日のあなた＊

あなたの魂が今、なによりも求めているのは自由です。狭い枠に思考をハメ込みすぎないで。違う可能性にも目を向けましょう。知らない人からの誘いにも、今日は警戒せずに乗ってみるべき。無邪気な会話から関係をスタートさせれば、いつかその人はあなたの親友、恋人になるかもしれません。

### ＊あの人の気持ち＊

今のあの人は趣味や遊びに夢中なのかもしれません。それ以外のことについては、あまり考えたくないようです。そんなあの人の心を引きつけるには、あなたも一緒になって遊ぶ必要が。あの人の仲間たちの輪に入っていけば、そこであの人の素顔を見ることができます。歓迎してもらえるはず。

# 波

Nami

寄せては返す波は留まることを知らないもの。

定まらないもののシンボルであり、

神秘の世界からの使者を運んでくるものです。

# カードからのメッセージ

## 【スリーパッチワークスプレッド】

### ＊未来＊

最初の目的とは違う地点に辿り着くことになるでしょう。でも、そこは最終ゴールではなく、まだ旅は続きます。

KeyWord

通過ポイント
思いがけない展開
修正可能
揺れる想い
予想外
めぐり会い
変更する

### ＊現在＊

意志はあまり重要ではありません。動いていく状況に身を任せましょう。どんな出会いも何かの縁なので大切に。

KeyWord

受け身
流れに乗る
神秘的
定まらない関係
カンで動く
不思議な縁
答えを保留する

### ＊過去＊

心の赴くまま、状況に流されるまま、あちらへこちらへ。どこにゴールがあるのか分からなかったのでしょう。

KeyWord

不安定な状況
揺れ動く
無目的
無意識の行動
流れ者
夢想
脱力感

## 【ワンキルトスプレッド】

### ＊今日のあなた＊

我を通そうとしてはいけません。流れに身を任せてください。主導権を握ろうとせず、人を無理に動かそうとせず、なるべく受身で過ごしましょう。そうすれば、あなたの魂が運命をよい方向へ導いてくれます。また、偶然の流れで今日一日を一緒に過ごすことになった相手は「幸運の使者」です。

### ＊あの人の気持ち＊

さまざまな思いがあの人の心を揺さぶっています。あなたへの気持ちもひと言では表せない複雑なものになっているよう。もしかすると、あなたがこれまで隠してきた事情を、あの人は知ってしまったのかもしれません。とにかく、あなたという存在があの人の心を波立たせているのは確かです。

# クラウン

Crown

クラウンは最も高いところに上った

ただ一人だけが冠するもの。

権力と誇り、頂点のシンボルです。

# カードからのメッセージ

## 【スリーパッチワークスプレッド】

### ＊未来＊

中央に立つ姿が見えます。重要なポジションにつくかもしれません。権利と地位が高まり尊敬を得られるでしょう。

Key Word

登りつめる
栄冠
式典
敬われる人
人生の頂点
受賞
権力を得る

### ＊現在＊

物事の中心にいるのはあなた。誰かがその座を奪いにきても、堂々としていれば大丈夫。勝利はあなたのもの。

Key Word

栄誉
中心人物
スポットライトが当たる
自尊心
確立されている関係
本物の王者
称号の獲得

### ＊過去＊

自分こそが一番だという自信に満ちていたよう。たぶん、本当にその通りだったのでしょう。今は違うとしても。

Key Word

トップに立つ
栄華
過信ではない本当の自信
誇れるもの
確かな愛
プライド
強い人

## 【ワンキルトスプレッド】

### ＊今日のあなた＊

今日はあなたが王者となります。大切なことを決める権利、一番高いところに乗る権利を手に入れることができるでしょう。ライバルがいても、ひるまないで。自ら権利を放棄すれば、あなたの魂を傷つけることになります。最後の一瞬まで戦い抜きましょう。今日のあなたなら大丈夫。できます。

### ＊あの人の気持ち＊

強がりを言ってみせるのはプライドを必死に保とうとしているから。ちょっと意地悪な発言も、乱暴な行動も、あの人の傷ついた自尊心から発せられているよう。「自分は負けないのだ、強いのだ」と、自らを励ますための言動です。本当は負けてしまいそうな自分を鼓舞しているのでしょう。

# カヌー

Canoe

遠くにまたたく希望の光に導かれ、

カヌーで大海へと漕ぎ出す人。

胸にあるのは幸運の予兆。冒険の始まりです。

# カードからのメッセージ

## 【スリーパッチワークスプレッド】

### ＊未来＊

冒険が始まっています。もう後戻りはできませんが、勇敢に進んでいけます。新天地が見えてくるでしょう。

Key Word

人生の岐路
再出発
今とは違う環境
夢に近づく
独立
遠ざかる過去
勇猛

### ＊現在＊

今こそ旅立ちのとき。後さきは考えずに行動を起こしましょう。安全策を取るよりも、いい結果が期待できます。

Key Word

リスクを取る
冒険
勇敢な行動
チャレンジの好機
積極性
未知への旅
広がる夢

### ＊過去＊

少しばかり無鉄砲だったかもしれません。でも、そこには冒険してみる価値のある状況があったはずです。

Key Word

やってみる価値のあること
キッカケ
挑戦
愛の始まり
出発の決意
賭け
夢に向かう

## 【ワンキルトスプレッド】

### ＊今日のあなた＊

今日のあなたに必要なのは勇気です。今の状況にこのまま留まっていても、苦しくなるだけなのでは？　幸福をその手につかむために動き始めましょう。カヌーに乗って新天地へと漕ぎ出す自分の姿を思い浮かべてみてください。そのイメージに活気づけられた魂が、あなたの背中を押してくれます。

### ＊あの人の気持ち＊

今、あの人は「もうそろそろ、ここから出発すべきときだ」と考えているようす。その結果、どうなるかは分からないけれど、とにかく今のままではいられないと感じています。あの人が心を決めてくれることをあなたが望んでいたのなら、その日は近いでしょう。ふたりの冒険が始まりそうです。

# ウクレレ

Ukulele

ハワイを満たす甘い音色は
ウクレレの弦が震わせる魂の調べ。
内にあふれる想いを伝えるツールです。

# カードからのメッセージ

## 【スリーパッチワークスプレッド】

### ＊未来＊

溢れる想いをさえぎる障害は、なにひとつありません。あなたが口にした言葉はきっと相手の心に届くでしょう。

KeyWord

心と技術の一致
創造の空間
詩人
音楽家
柔らかい心
発表のとき
寛ろぐ

### ＊現在＊

作りたかったもの、伝えたかったこと、すべてスムーズに内から溢れてくるでしょう。想いが形になるときです。

KeyWord

自然に湧いてくる想い
愛の成就
素直さ
人の心をつかむ
求めに応える
創作活動
自己表現

### ＊過去＊

豊かな表現力で、愛や賞讃、ファンを引きつけることができたようです。その人たちは今もあなたに夢中なはず。

KeyWord

魅惑する
創造のとき
甘い言葉
ロマンティックな恋
上手なやり方
和みのとき
喜ばせる

## 【ワンキルトスプレッド】

### ＊今日のあなた＊

今日のあなたには、ウクレレの甘い音色のように、人を惑わす不思議な魔力が備わります。その力を恋する人に向けてみましょう。相手の心を見事にとらえられるかもしれません。創作的な活動に力を入れるにもふさわしい日。あなたの魂がずっと表現したがっていたことを形にできるはずです。

### ＊あの人の気持ち＊

あなたの気持ちを量りかねているようす。表情やしぐさで、あの人にあなたの今の気持ちを伝える努力を。瞳に想いを込めて、あの人を見つめてください。指先に愛を乗せて、あの人に優しく触れましょう。言葉にするより的確にあなたの気持ちが伝わります。その想いに応えてくれるでしょう。

# イプ

Ipu

トン、トトトンと、打たれるリズム。
チャントを唱え、フラを舞うかたわらで鳴る
イプは人々の動きを共鳴させます。

# カードからのメッセージ

## 【スリーパッチワークスプレッド】

### ＊未来＊

協調性が高まってきます。愛も友情も、なめらかに育つでしょう。どこかのチームに所属することになる場合も。

Key Word

スムーズな展開
相手に任せる
息が合う
同調する
巻き込む
共通項の多い人
参入する

### ＊現在＊

その場に流れているリズムに耳を澄ませましょう。自分の内側よりも、周りのことに意識を向けてください。

Key Word

ハーモニー
共鳴
周りに合わせる
タイミングを見極める
自分と似た人
真似る
聞き役に回る

### ＊過去＊

息の合うパートナーがいたおかげで、すべてがスムーズだったようです。ただ、自由はなかったかもしれません。

Key Word

同志
リズミカル
賛同者
一定の速度
調和的な人間関係
単独ではない行動
合わせる

## 【ワンキルトスプレッド】

### ＊今日のあなた＊

今日を共に過ごす相手とは、心をひとつにすべきです。そうすれば見事なハーモニーが生まれるでしょう。お互いにとって大満足な結果が得られます。ひとりでこなすべき仕事がある場合も、その仕事の向こうに見える人の顔を思い浮かべながら進めましょう。とても高い評価を受けられるでしょう。

### ＊あの人の気持ち＊

今、あの人が求めているのは「打てば響く反応」です。あの人の言葉や愛撫にすぐさま応えましょう。鈍い反応を見せると、あなたとは合わないのだ、と思ってしまう心配が。また、あの人の悩みやつぶやきには「その気持ち、分かるわ」と応えてあげて。共感してくれる相手に愛を感じるはずです。

# レイ

Lei

レイとは自然と人をつなぐもの。

人と人をつなぐもの。

その輪の中で生きる幸せのシンボルです。

# カードからのメッセージ

## 【スリーパッチワークスプレッド】

### ＊未来＊

受け入れ先が見つかります。歓迎してもらえるでしょう。どんなものに対しても、優しい気持ちを持てそうです。

KeyWord

広がる輪
絆
終点にたどりつく
結婚
思いやり
信頼
優しい人たち

### ＊現在＊

なにをもらっても快く感謝してください。遠くから訪ねてきた人は温かく迎えましょう。幸運がもたらされます。

KeyWord

受容
新たなつながり
ゆとりのある場所
結びつく
幸せをもたらす人
出会い
祝福

### ＊過去＊

受け入れてもらえた喜びだけで十分に心が満たされていました。それ以上のことは求めていなかったようです。

KeyWord

歓迎
旅の成功
新たなつながり
助け合う
ＯＫのサイン
まごころ
優しさ

## 【ワンキルトスプレッド】

### ＊今日のあなた＊

他者を受け入れる気持ちさえ持っていれば、今日一日は明るく楽しい日となるでしょう。どうしても受け入れたくない相手がいるなら、「その人を受け入れられない自分」を許し、そんな自分を受け入れて。「許し」は魂の負担を取り除くもののひとつ。心の軽やかさを取り戻すことにつながります。

### ＊あの人の気持ち＊

「なんでも相談してよ」「いくらでもわがまま言っていいよ」とあの人が言ってくれたなら、それは心からの言葉。あの人には今、あなたのことを全面的に受け入れる用意があるよう。遠慮したり、嫌われることを恐れたりせず、あの人の胸に飛び込みましょう。しっかり抱きとめてくれるはず。

Column

# “リトリート”それは あなただけの癒しの時間

この本を手に取った方の中には“リトリート”という言葉を初めて聞いた人もいるかもしれません。

“リトリート”は直訳すれば、“隠れ家”や“避難場所”といった意味になります。スピリチュアルな世界では“リトリート・ワーク”を行うことで、心身が癒されリラックスした状態で自分を見つめ直すことができると考えられています。

たとえば、ヨガや瞑想などが“リトリート・ワーク”と呼ばれることがあります。また、パワースポットへの旅行や心身を開放するリラクゼーションエステやアロマテラピーなどを指す場合もあります。そのせいか、“リトリート”について、何かとても特別なことをするイメージを持っている方もいるでしょう。

しかし、非日常的な場所で特別なワークを行うことだけが“リトリート”ではありません。

ハワイアン・スピリチュアルタロットは、いつでもどこでもあなたの心を癒す“避難場所”になってくれます。カードを広げれば、そこは聖なる楽園がくれたあなただけの癒しの場所になります。「不安な気持ちをリセットしたい」「もっと前向きになりたい」「心を穏やかにしたい」など、日常のちょっとした場面で立ち止まってしまったとき、カードの神秘的な力をあなたの味方につけてください。きっとあなたなりの答えが見つかるはずです。

リトリート・メソッド

Chapter 2

# カラーワーク

「カラーワークをはじめる前に」

# ハワイアンカラーの伝説

ハワイアン・スピリチュアルタロットを初めて目にしたとき、その鮮やかで美しいカードに思わず心を奪われませんでしたか？

あなたを惹きつけたのは、カードを彩るハワイアンカラーのパワーかもしれません。カラーワークをはじめる前に、楽園が生んだ７つの色に宿るスピリチュアルなパワーを知っておきましょう。

## レッド RED

ハワイの島々を生み出した源は、海底から真っ赤なマグマを吹き出し押し進めた火山活動です。その島に見事な花を開いたのは赤い花オヒア。レッドは「始原」のパワーカラーです。新たなものを生み出す力を表現するのに適しています。

## オレンジ Orange

オレンジは虹のなかで赤と黄色のあいだにある色。海に半分沈んだ太陽が放つ色でもあります。この色はなごみカラー。色の対比を和らげてくれます。モチーフと背景のコントラストをしっくり納めたいときにはアクセントに使いましょう。

## イエロー Yellow

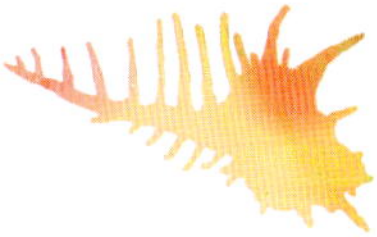

諸島を統一したハワイ王朝初代の王カメハメハ。その像がまとっているのは目にまぶしい黄金のマントです。そして、イエローは真昼の太陽の色。権力、輝き、強さを表現したいときはイエローをたっぷりと使うといいでしょう。

## グリーン Green

本来は真っ黒な大地がむき出しだったハワイの島々。そこに根を張った植物たちのおかげで大地は目に優しいグリーンになりました。緑は生命力と成熟のイメージカラー。植物モチーフだけでなく、海や花のモチーフにも似合う色です。

## ブルー Blue

圧倒的にクリアな明度の高いブルーが人の魂を引きこむように存在するハワイ。青は地球の神秘の色です。この色はあなたの魂に宿っている神秘の力を引きだしてくれます。海のモチーフには必ず青をどこか一カ所使うのがベストです。

## パープル Purple

どんな虹も一番上の部分がレッドで、一番下の層がパープルだと知っていますか？ 赤が始原の色なら紫は沈静の色。宵のころの空の色でもあります。高ぶる気持ちを鎮めてくれるパープルが持つ癒しの効果を各モチーフにちりばめてください。

## ピンク Pink

空がピンクに染まるのは夕暮れの始まり。この色が作るロマンティックなムードが恋人たちをビーチへと誘う時刻です。花の色にピンクが多いのも、花の魂がこの色が放つ官能力を求めているから。愛らしいモチーフたちに似合う色です。

# 「カラーワークを始めましょう」

カラーワークは癒しのリトリート・メソッド。気分が落ち込んだとき、心が癒しを求めているとき、カードに描かれたキルトのモチーフを7つのハワイアンカラーを中心に思いのままに染めてください。

カードを塗り進めていくうちに、不安や迷いが消え、あなたの魂に願いを叶えるパワーが宿ることでしょう。

モチーフを塗る色は自由です。付録のカードと同じように塗る必要はありません。基本的にはあなたが直感で選んだ色を使えばいいのです。絵具も、色鉛筆、クレヨン、水彩絵の具、筆ペンなど、好きなものを使ってください。

カラーワークのページは、事前にコピーしておけば、繰り返し使うことができます。あなたの心が必要とする限り、何度でもワークを行ってみてください。

# ハイビスカス

## Hibiscus

どのカードから塗り始めよう？　そんな迷いが今のあなたにあるなら、
とりあえず、このハイビスカスからスタートしましょう。
ハイビスカスは朝、つぼみが開くと夕方にはしぼんでしまう一日花です。
貴重な今日一日を最高に生き抜こうとする魂の希望によって、
大きく華やかな花が咲くのかもしれません。
迷っているあいだに今日は終わってしまいます。ぜひともワークの開始を。
ハワイアンモチーフを塗っていく楽しさを、まずはこのカードで実感してください。

# アンセリウム

## Anthurium

並みいるグループの中には「彼女は特にキャラが立っている」と言われる人がいるもの。
アンセリウムというモチーフにも、この言葉がピタリと当てはまります。
個性的なフォルムを持つアンセリウムのモチーフは「独自性」のシンボル。
群衆に埋もれないパワーをあなたに授けてくれます。
このカードは、境界をなるべく強調する配色で塗っていきましょう。
アンセリウムの輪郭が背景からパッと浮き立ってみえる仕上がりになれば大成功。
ワークを通じて、あなたの独自性も高まります。

# ロケラニ

## Lokelani

「ロケ」はバラ、「ラニ」は天国という意味を持つハワイ語です。
「天国のバラ」という素晴らしい名前をハワイアンから授かった幸せなバラ、ロケラニ。
「愛される存在」のシンボルです。このカードはむしゃくしゃした気分のときに
塗ってはいけません。心が静かで、自分が人に好かれる存在だと思える日に作業を。
そうしないとワークに失敗してしまうから。
これは、あなたの魂の状況を反映するカードでもあるのです。
気分のいい日を選んで制作すれば、このモチーフに「愛されオーラ」が宿ります。

# ティアレ

## Tiare

フレンチポリネシアの国花ティアレは、タヒチからハワイへ渡ってきたハワイアンの
先祖につながる花です。真っ白で、小さくて、それでいて独特の香りを
キッパリと放つこの花は「失われることのない純真さ」のシンボル。
中央の花の部分を白いまま、塗り残しておきましょう。
その手つかずの領域にこそ、このモチーフの持つパワーが宿るからです。
白い花を浮かびあがらせるように周囲を塗っていくと、
あなたの魂の聖域が活気づきます。清純な若々しい美が内からあふれてくるでしょう。

# ナナホヌア

## Nanahonua

太陽へ顔を向ける普通の花と違い、下を向いて咲くナナホヌア。
優雅なドレスのような姿態とあいまって、なまめかしい魅惑が引き立つ花です。
このモチーフについては、「誘惑」「官能」というキーワードを頭に浮かべながら、
全体の色合いを決めていきましょう。
花の部分を、周辺より目立たない色やタッチで塗ってみるといいかも。
完成した作品には吸引力が宿ります。どんな異性も引き寄せる力を秘めた
このモチーフから、あなたも目が離せなくなるかもしれません。

# ニウ

Niu

ニウ（ヤシの木）はハワイの木々のなかでもとびきり強じんなパワーを持つ植物。
その実は海流に乗り、長い長い航海に耐えて、新たな土地に漂着します。
そこで自らの養分を糧に立派な木に育つのです。このカードに色を塗るときには、
このモチーフの持つ生命力を自分に取りこむつもりで。
はるかかなたの土地へ、強い気持ちと強い魂を頼りに旅するニウ……その姿を想い
浮かべながら作業を楽しみましょう。イメージをこめて塗った作品は、
眺めるだけで気力を授けてくれるものに仕上がります。

# パイナップル

## Pineapple

現在のハワイにおけるパイナップルは、日本のお米の状況と被るところが。
かつては素晴らしい貴重なごちそうだったのに、生産が増えたら「あたりまえ」になりすぎて、価値と人気が低下……。お米に限らず、私たちの日常にも似たような現象は多いはず。「あってあたりまえ」という意識のせいで見失いがちなもの……。
このモチーフを塗っていくのは、そこに意識を向けるためのワークです。
あなたがありがたみを感じづらいものはなんでしょう？　家族？　健康？
それとも才能？　カラーワークをしつつ思いをはせてみてください。

# モンステラ

## Monstera

おおぶりの葉にポツポツと空いた穴。ユニークかつワイルドな姿をしたモンステラは、キルトやアロハシャツに使われる、ハワイのアイコン的モチーフのひとつです。
このカードを塗るときは「常識」なんて捨て去ってしまいましょう。モチーフも背景も一色だけにする必要はありません。植物の葉の固定イメージである緑色を使う必要もなし。童心に返り、あらゆる規則は忘れて、好きなように塗ってください。
出来上がった作品にはあなたの個性が表れているはず。
「自分らしさとは何か？」を考え直すキッカケが生まれます。

# ウル

Աեա

ウルとは「パンの木」のこと。栄養豊富な実をつけます。今ほど豊かではなかった時代、ウルの実はハワイアンの生きる糧のひとつでした。
今の私たちが肉体的に飢えることはほとんどありません。けれども魂の養分はときどき枯渇しがちです。このカードを塗るのは、あなたの魂に栄養を与えるためのワーク。リラックスして、ゆっくりと手先を動かしましょう。
その静かで充実した時間こそ、魂の求めている癒しのとき。
出来上がったら充電完了です。おなかいっぱいの至福のひとときを過ごしましょう。

# マンゴー

## Mango

マンゴーのカードは「非日常」のシンボルです。実はハワイは常夏ではなく、冬と夏があります。マンゴーの実が成るのは季節の変わり目。英雄カメハメハを祝う祭りの時期でもあります。このカードは普段あまり身につけない色、あなたの持ち物に少ない色で塗りましょう。日常に存在しない色を使うことで、マンゴーのモチーフが持つ「非日常」のイメージを高めるためです。
クローゼットや室内を改めて見渡すと、無意識のうちに避けている色に気づくでしょう。
このワークは避けがちな色のパワーを取り込むいい機会になるはずです。

# サンゴ

Sango

砂浜に落ちている白く固いサンゴの欠片は、生命を失ったあとの形骸です。
命が尽きてからも形を留めるもの。サンゴのモチーフは「過去」のシンボルです。
このカードを塗るときには、とりとめなく昔の記憶をたどってみましょう。
人の記憶ははかないもの。全ての人生を覚えている人はいません。
心に残っていることは魂がまだ手放したくない思い出の数々。
カードを塗り終えるころには、どんなエピソード、
どんな相手が自分の宝なのか、傷なのか、改めて気づかされるでしょう。

# ププ

## Pupu

ププというのは貝のこと。固い殻を作り、自らの身の守る海の生物です。
私たちが癒しを求めるのは、日々の営みによって心や魂が傷つくから。
ププのカードを塗ることは「自己防衛力」を高めるワークになります。
あなたが「守りたいもの」「秘密にしておきたいこと」
「誰にも触れてほしくないこと」を頭に浮かべましょう。
それを包み隠すフィルターを作るつもりで、モチーフをていねいに塗ってください。
完成した作品に宿ったパワーが、あなたの大切な秘密をプロテクトしてくれます。

# ホヌ

## Honu

アクセサリーや雑貨など、ハワイのイメージモチーフとして大人気なホヌ（海ガメ）。
沖に出ていくハワイのサーファーたちは、昔からホヌを守り神として愛してきました。
「ホヌの姿が見える海は安全である」という言い伝えがあるからです。
ホヌのモチーフを塗っていくときは、できるだけ深くゆっくりと呼吸を。
そうすれば、あなたの魂のデリケートな部分が抱えている不安感が
鎮まっていくのを感じられるはずです。
あなたにとって「安心」というイメージに結びつく色を使うようにするといいでしょう。

# ナイア

## Naia

ナイアとはイルカのこと。広い海を自在に泳ぎ回り、ときには華麗なジャンプを
見せてくれるハワイのナイアたち。このモチーフはのびやかな精神のシンボルです。
このカードを塗るときに必要なのは「遊び心」。群れ合うイルカが、じゃれたり、
ふざけ合ったりしているかわいい姿をイメージしながらワークを進めてください。
色が枠をはみ出したって気にしないで。
子供の描く絵のようなハツラツとしたムードに塗り上げるのがベストです。
モチーフひとつひとつを別のカラ―で塗ってみてもいいでしょう。

# 波

Nami

メッセージを書き込んだ紙を瓶に入れ、海に落としたら、どこへたどり着くでしょう？
それは波のゆくえ次第……思いがけない相手の手元まで運ばれていくかもしれません。
波は「定まらないもの」のシンボルです。このモチーフを塗る作業は、
あなたの魂を無意識へのあてどのない旅へといざないます。
うたた寝のときに見る夢のような不思議な光景が浮かんでくるかもしれません。
神秘的なメッセージをキャッチできる可能性も。ブルーを基調に、
何色もの色を重ねていくと、神秘の世界の扉を開くワークとなるでしょう。

# クラウン

## Crown

かつてハワイは王さまが君臨する王国でした。
クラウンのモチーフは「王たる者の誇りと権限」のシンボルです。
あなたには家来も民もいないかもしれません。けれども、あなたは自分の魂が住まう身体をコントロールできる唯一の王さまです。このカードを塗るときには人の意見を聞かないで。あなたの王冠は、あなたの好きな色にする権利があります。
塗り進めていくうち、自尊心の高まりを感じるでしょう。
これは対人関係のあつれきのなかを生きるあなたを癒すワークだからです。

# カヌー

## Canoe

主要な陸地のすべてからずっと遠いところにハワイ諸島は誕生しました。
人間が住むようになったのは遠い昔……。カヌーにその身と運命をあずけ、
大冒険へと漕ぎ出した人々がいたからです。カヌーは勇気と冒険を象徴するモチーフ。
新しいことを始めようとするときのドキドキ感をイメージさせる色を自分なりに
考えてみてください。「よし、この色！」と決めたら、もう迷わずに塗り始めましょう。
どんな作品に仕上がるか……その色をモチーフに乗せた瞬間、
あなたの冒険が始まります。

# ウクレレ

## Ukulele

ハワイにいると日暮れの時刻、どこからともなく聴こえてくる甘やかな調べ。
それはウクレレの音色です。
魂の奏でるメロディをこの楽器で表現することはハワイアンにとって癒しのひとつ。
ウクレレのモチーフにはあなたの表現力を高めるパワーが秘められています。
このカードを塗るときは好きな歌を口ずさみながら作業するのがベスト。
その曲から浮かんでくるイメージを「色」で表現してみましょう。
あなたの本質を表す作品に仕上がるはずです。

# イプ

## Ipu

ハワイアンの歴史をつむぐフラの踊りにかかせないのがイプ。
ひょうたんをくり抜いて作られた打楽器です。踊り手と謡い手に調和のリズムを生み、
ピッタリ息を合わせる役割を果たすイプ。これは共鳴、協調のシンボルです。
このカードは筆圧を一定に保ちながら塗っていきましょう。
色の濃さにムラが出ないように意識を集中してみてください。
一定の濃度で塗り上げられた作品ができたら成功。
このモチーフに宿る「協調力」があなたの人間関係をスムーズにしてくれます。

# レイ

## Lei

草木や花、貝を円環状につなげて作られるレイ。
今のハワイでは到着した旅人に渡される歓迎のしるしとなっています。
歴史を通じて、たくさんの民族を受け入れてきたハワイ。人間ばかりでなく、多くの植物や動物を受容する力に溢れたこの土地を象徴するモチーフのひとつがレイです。
このカードはふんわりと優しいイメージに仕上げましょう。絵具の先を寝かせて、くるくると、いくつもの円を描くようにして塗っていくと、気持ちが柔らかくなり、心が癒されます。たくさんの色を使ってみるのもおすすめです。

リトリート・メソッド

Chapter3

# ホーリー
# アイテムとして

# 「ホーリーアイテムとして使ってみましょう」

最後のリトリートは、20枚のカードに宿る神秘のパワーを日常生活の中でいつでも味方につけるためのメソッドです。

ハワイアン・スピリチュアルタロットは、カードそのものが神秘のパワーを持つホーリー（神聖な）アイテム。願いに合わせたカードを飾ったり、持ち歩いたりするだけで、カードがお守りのようにあなたをサポートしてくれます。

20枚のカードは持っているパワーや使い方がそれぞれちがいます。あなたが心から叶えたいと思う願いは何ですか？

あなたの望みにぴったりのカードを選んで聖なるパワーを感じてください。

## クラウン
Crown

### 心を強くしたい

頭を下げる仕事が多いとき、誇りを傷つけられたとき、自分の意志を貫きたいとき……このカードが持つパワーに癒され、新たな力を得ましょう。玄関や部屋の入り口近くに飾っておくと、強引な相手をはねのける強さも得られます。

## ティアレ
Tiare

### ゼロからやり直したい

若々しさを取り戻したいとき、純粋な愛を誰かに向けたいとき、ゼロからやり直したいことがあるとき……このカードはあなたの汚れなき魂のルーツを蘇らせてくれます。プライバシーを守れる領域にそっと飾っておきましょう。

# カヌー

Canoe

## 勇気がほしい

新たな一歩を踏み出す必要があるとき、ためらいを捨てたいとき、思いきって愛を告白したいとき……このカードがあなたに勇気をくれます。自分の身長よりも高いところに飾ると、視線が上向き、前向きな気持ちになれるでしょう。

## ナイア
Naia

### 出会いがほしい

きゅうくつな日々にイライラが募るとき、枠にハマった思考から抜け出したいとき、遊び相手が欲しいとき……このカードに宿っているパワーが助けてくれます。毎日、飾る位置を変えてみると、気の合う仲間と出会える効果も。

## ウル
Ulu

### 心の穴をうめたい

実りのない毎日に疲れを感じるとき、むなしさを覚えるとき、なにか満たされない気分のとき……観葉植物の近くにカードを飾ってください。あなたの魂が欲していることを、ウルのカードが教えてくれます。ひらめきが訪れるはず。

## ロケラニ
Lokelani

### 愛されオーラがほしい

知らない人と会うシーンが多いとき、面接など、好印象を与えたい場所に向かうとき、気になる異性が現れたとき……このモチーフが持つ「人に愛されるオーラ」をカードから分けてもらいましょう。柔らかい布にくるんで持ち歩いて。

## ハイビスカス

Hibiscus

### 華やかオーラがほしい

なんとなくやる気が出ないとき、気分と体が重いとき、華やかなオーラを発したいとき、めったに来ないチャンスを迎えたとき……このカードがパワーと輝きを授けてくれます。南向きの窓、あるいは壁に飾ってください。

## イプ

Ipu

### 心をひとつにしたい

チームワークが肝心な仕事に挑むとき、息の合わない相手に悩まされているとき、大事な人とのすれちがいが続くとき……このカードを机に置き、トントントンと3回、指先でタッチを。これを何度も繰り返すと協調性が高まります。

## サンゴ

Sango

### 気がかりを解決したい

モヤモヤした気分が続くとき、不満足な結果の原因をみつけたいとき、思い出したいのに思い出せないことがあるとき……サンゴのカードをあなたがいつも座る場所の左側に飾ってください。記憶の糸をうまくたどれるでしょう。

## ププ
### pupu

#### 守ってほしい

災いから身を守りたいとき、人に知られたくない秘密を持っているとき、守ってくれる人がいなくて不安なとき……ププのカードのパワーを借りましょう。絶対に誰にも見られない場所に、このカードをそっと忍ばせておいてください。

## ニウ
### niu

#### ポジティブになりたい

耐える力が必要なとき、強い気持ちで目標に向かいたいとき、心が折れてしまいそうなとき……このカードを枕元に置き、眠るまえに一度、手で触れましょう。翌朝、目覚めたときに気力が回復していることを実感できます。

# アンセリウム

Anthurium

## 注目を集めたい

周囲から一歩、抜きんでた存在になりたいとき、人の注目を集めたいとき、壁の花になりたくないパーティーの前日…このカードが助けてくれます。室内の中央、あるいはテーブルの真ん中に置き、カードを眺める時間を持ちましょう。

## ウクレレ

Ukulele

### 愛する気持ちを伝えたい

表現力を高めたいとき、人を魅了したいとき、創造的な活動に従事するとき、愛を伝えたいとき……そんなときに、ウクレレのカードを窓辺に飾っておきましょう。カードのパワーがあなたの潜在的な力を引き出してくれます。

## パイナップル

Pineapple

### 大事なものを見極めたい

なんとなく毎日が退屈なとき、何が大切なのか見極めたいとき、恋人との関係がマンネリ化していると感じるとき……このカードをよく目につく壁に飾りましょう。身近なものへの感謝の気持ちが湧いてきて、活力や愛が蘇ります。

## 波

Nami

### 運命の人に出会いたい

インスピレーションに恵まれたいとき、探しても見つからないものがあるとき、どこかにいるはずの運命の人にめぐり会いたいとき……このカードに宿っている不思議な力を活用しましょう。枕の下に入れて眠りについて。

## レイ

Lei

### 仲直りしたい

つながりを持ちたい相手がいるとき、ケンカをした相手と仲直りしたいとき、知らない人の多い環境に飛び込むとき……レイのモチーフのパワーがあなたを助けてくれます。1日に一度このカードを胸に優しく抱き、なでてください。

## モンステラ

Monstera

### 自分らしく生きたい

私らしく生きたいと願うとき、支配的な人に怯えているとき、ユニークなものを生み出したいとき、自分を見失いそうなとき……モンステラのカードをバッグに忍ばせ、持ち歩きましょう。自己主張を恐れる気持ちを小さくしてくれます。

## ナナホヌア

Nanahonua

### 振り回されたくない

官能を高めたいとき、つれない人に振り回される日々を終わらせたいとき……ナナホヌアの力を借りましょう。太陽の光が届かないところに飾って。ただ、このカードはあなたを無口にします。快活になりたいときは飾らないで。

## ホヌ

Honu

### 安心や癒しがほしい

不安や緊張が続くとき、孤独感に悩まされているとき、リスキーなことに挑戦するとき……保護と安全のシンボルであるこのカードをお守りとして持ち歩きましょう。「大丈夫」というメッセージがカードから聞こえてくるはずです。

## マンゴー

Mango

### サプライズがほしい

何かが足りない気がするとき、日々の繰り返しに飽きてきたとき、特別なことが起こってほしいと願うとき……マンゴーのカードを部屋の扉の内側に飾りましょう。モチーフのパワーがその扉の向こうに別世界をもたらしてくれます。

# ＊エピローグ＊

「タロット占いは当たるけれど怖い」「悪い意味のカードが出たらどうしよう」といった声をときどき聞きます。でも、この20枚のカードには「死神」や「悪魔」といった不吉なイメージを抱きがちなものはありません。

文字を持たなかった古来のハワイアンは絵柄や図形をとても大切にしてきました。古くは、自然の持つ霊力（マナ）を自らのパワーにするために、モチーフを身体に刺青する習慣があったそうです。今のハワイアンがキルトに自然のモチーフを縫い込むのも「よきもの」の力を図柄のシンボルから取り込むという意識があるからでしょう。

「カードを粗末に扱うと不幸になる」なんて考えなくて大丈夫です。20種類のモチーフはすべて、あなたの魂と共鳴するものであり、占いをしたり、カラーワークをしたり、かたわらに置いたり、優しく楽しくつき合ってください。ひとりでも多くの方々に、モチーフたちが秘めているスピリチュアルなパワーが届けば幸いです。

数々の出会いに導かれて生まれたこのタロットは私にとって、かけがえのないものですが、「当たる！」「癒された！」というクチコミをＹａｈｏｏ！占いで、たくさんたくさん、ビックリするほどいただいてきました。今度は書籍という形で、みなさまのもとにお送りできたこと、本当にうれしく思います。

カード・デザインを創作してくださった吉濱あさこさんとのめぐり会いも、タロットとハワイアンキルト・モチーフのフュージョンが運んできてくれた幸運のひとつです。なんて美しいカードたち！

また、書籍化の機会を与えてくださった三空出版の植木音羽さん、ご担当いただいた川口林太郎さん、惜しみないアイディアと励ましをくださった加茂直美さん、北瀬早苗さんにも深い感謝を申し上げずにはいられません。

もうひとかた、Ｙａｈｏｏ！占いコンテンツで限りなく情熱的にサイトの制作を手掛けてくださっているコムドアーズの大木こづ恵さんにも、この場を借りてお礼申し上げます。

ジューン澁澤

## ハワイアン・スピリチュアルタロットを<br>もっと体験したいあなたへ

ハワイアン・スピリチュアルタロットはスマホアプリやWebサイトで、恋愛、結婚、人生、仕事についてもっと深く占える「ナインパッチワークスプレッド」が体験できます。9枚のカードを使ったこの占いは、その的中率の高さからクチコミ欄に「暖かいメッセージに涙が出ました」「気持ちが楽になりました」「背中を押してもらえました」と感動の声が続々寄せられています。この本を読んで、さらなる心の癒しを求めるあなたは、ぜひ、スマホアプリやWebサイトをお試しいただければと思います。

## あなたの知りたいことすべてがわかる！<br>ナインパッチワークスプレッド

『幸運を呼ぶ9つの予言メッセージ』が無料で占えます！

■Webサイト

■スマホアプリ
（iPhone専用）

## ジューン澁澤（じゅーん しぶさわ）

占術研究所HELULA主宰

鍊金術などの西洋思想を占いに取り込んだ新機軸の占法を研究、開発。
Yahoo!占いでは『【神秘の予言】あなたの魂を導くハワイアン・スピリチュアルタロット』を監修。
各携帯キャリア公式コンテンツ『2人が出逢った理由』の監修も務める。

■著書
『血液型錬金術』　駒草出版
『ミラクルあたる!ワクワク手相うらない』　西東社
『西洋手相術の世界』　駒草出版（共著）
『リーディング・ザ・タロット』　駒草出版（共著）

聖なる島のリトリート
ハワイアン・スピリチュアルタロット
キルトが導くあなたの運命

2013年1月31日　第1刷発行
2022年3月18日　第3刷発行

著　者　ジューン澁澤
発行人　川口秀樹
発行所　株式会社 三空出版
〒102-0093
東京都千代田区平河町2-12-2-6F-B
TEL　03-5211-4466
FAX　03-5211-8483
https://mikupub.com

デザイン　HONA GRAPHICS
イラスト・カードデザイン　吉濱あさこ
編　集　加茂直美
北瀬早苗
印刷・製本　日経印刷株式会社


ISBN 978-4-944063-56-7